养成教育

第四册 下

总主编　郭齐家
高广立

日新其德 日勤其业 臻于至善

济南出版社　汉唐书局

图书在版编目（CIP）数据

养成教育 . 第四册 下 / 郭齐家，高广立主编 . —济南：
济南出版社，2021.12

ISBN 978-7-5488-4870-7

Ⅰ . ①养… Ⅱ . ①郭… ②高… Ⅲ . ①养成教育—小学—
课外读物 Ⅳ . ① G621

中国版本图书馆 CIP 数据核字（2021）第 251853 号

出 版 人	崔　刚
丛书策划	冀春雨
责任编辑	孙育臣　张子涵
专家审读	于建福
装帧设计	曹晶晶
封面插图	曹晶晶

出版发行	济南出版社
地　　址	山东省济南市二环南路1号（250002）
编辑热线	0531-86131747（编辑室）
发行热线	82709072　86131701　86131729　82924885（发行部）
印　　刷	山东彩峰印刷股份有限公司
版　　次	2022 年 2 月第 1 版
印　　次	2022 年 2 月第 1 次印刷
成品尺寸	185 mm×260 mm　16开
印　　张	4
字　　数	42 千
印　　数	1—5000 册
定　　价	12.00 元

（济南版图书，如有印装错误，请与出版社联系调换。联系电话：0531-86131736）

编委会

序 言

2018 年 9 月 10 日，全国教育大会在北京召开，习近平总书记强调，"要深化教育体制改革，健全立德树人落实机制"，"培养德智体美劳全面发展的社会主义建设者和接班人，加快推进教育现代化、建设教育强国、办好人民满意的教育"，"要给孩子讲好'人生第一课'，帮助扣好人生第一粒扣子"，"全社会要担负起青少年成长成才的责任"。

文化是教育的命脉，教育是文化的生机。党的十九大报告指出，"文化自信是一个国家、一个民族发展中更基本、更深沉、更持久的力量"，"推动中华优秀传统文化创造性转化、创新性发展，继承革命文化，发展社会主义先进文化，不忘本来、吸收外来、面向未来，更好构筑中国精神、中国价值、中国力量，为人民提供精神指引"。

济南出版社就是以习近平新时代中国特色社会主义思想为指导，高度落实习近平总书记关于教育的一系列重要论述，深度理解中华文化的根源与发展，追本溯源，隆重推出《养成教育》系列图书。本套图书由全国著名养成教育专家联合编写，按照一体化、分学段、有序推进的原则，图文并茂，贴近生活，把中华文化的精神全方位融入一至九年级各学段，其核心目的在于帮助青少年从小树立正确的历史观、民族观、国家观、文化观，培育健全人格，养成良好习惯，永续中华民族的根与魂，做堂堂正正的中国人。

教育不应简单以分数、升学、文凭等作为评价的导向，不应被片面地理解为科学技术知识的传递，还应注重心性的涵养、道德的培育、习惯的养成。

中国传统教育是博雅教育，既包含今天的技术教育、知识教育，又包含艺术教育、身体教育与生命教育等德智体美劳诸方面。其核心是如何使人成为全面发展的人，尤其是有道德的人。其方法是讲究涵泳，就是身临其境，获得一种真切的体会，尤其是让青少年在兴趣的培养中受到熏陶和感悟，在潜移默化中养成乐善好群、敦厚优雅的品行。它不是一种外力强加的道德说教，是真正自觉的自我教育，是生活实践式的，通过点滴积累收获自己的体验，既可以丰富青少年自身，调节性情，又通过青少年的行为影响公共事务与社会风俗。"少成若天性，习惯如自然。"从长远来看，应当把青少年的养成教育放到一定的高度，让青少年自小就能够在中华文化滋养下健康成长。这些内容既是中国传统教育思想的宝贵遗产，也是本套图书编写过程中的重要灵感来源。

2021年7月1日，在庆祝中国共产党成立100周年大会上，习近平总书记强调："新时代的中国青年要以实现中华民族伟大复兴为己任，增强做中国人的志气、骨气、底气，不负时代，不负韶华，不负党和人民的殷切期望！"我衷心期望《养成教育》系列图书的出版，能为新时代青少年的成长"培根""铸魂""打底色"，在收获丰富的传统本源文化知识的同时，培育他们高尚的德行、大爱的胸怀、善念的种子，并且提升为人处世、应事接物的能力，增添一份亲切而厚重的民族自豪感、文化认同感，绵绵用力，久久为功，为实现中华民族的伟大复兴凝聚智慧和贡献力量。

郭齐家

2021 年 7 月于北京回龙观寓所

目录

1. 我为家乡做代言

每个人都有自己的家乡，有的在乡村，有的在城市。但无论是哪里，家乡都有独特的文化和风景。让我们成为家乡的"代言人"，为大家介绍一下自己美丽的家乡吧！

故事在线

我的家乡——济宁

我的家乡——济宁，位于山东西南部，是中华文明的重要发祥地之一。

济宁历史悠久，有许多知名人物。相传"三皇五帝"在此留下了踪迹；春秋战国时期，至圣孔子、复圣颜子、宗圣曾子、述圣子思子、亚圣孟子都诞生在济宁辖区内；曹操、杜甫、李白等文人墨客都在济宁留有足迹；自元代开凿大运河后，济宁便成为南北运输的要地；到明永乐年间，济宁已是水陆交会、南北要冲之区，因而被誉为"运河之都"。

济宁名胜古迹众多，境内现有国家级重点文物保护单位9处，省级60余处，市级145处，是中国人文景观最集中的地区之一。这里有中国皇帝御碑最多、规模最大的碑林；有中国历史上等级最高的祠庙孔庙、中国古代最大的陵墓园林孔林和孔府，其中孔庙是仅次于故宫的中国第二大古建筑群，被联合国教科文组织列入世界文化遗产名录；此外，还有邹城的孟府、孟庙、孟林、孟母林，曲阜的鲁国故城遗址，嘉祥的武氏祠汉画像石、曾子庙，微山的殷微子墓、汉张良墓，汶上的宝相寺、太子灵踪塔和佛教圣物，济宁城区的太白楼、声远楼、铁塔寺、东大寺等名胜古迹。它们为济宁这块古老的土地积淀了深厚的文化底蕴，也吸引着众多海内外华夏儿女前来寻根祭祖。

济宁除了有悠久的历史文化，还有生态旅游湖泊微山湖，中国古典四大名著之一《水浒传》故事的主要发生地水泊梁山也在这里……济宁风光秀丽宜人，是亲近自然的极佳去处。欢迎大家来我的家乡——济宁做客！

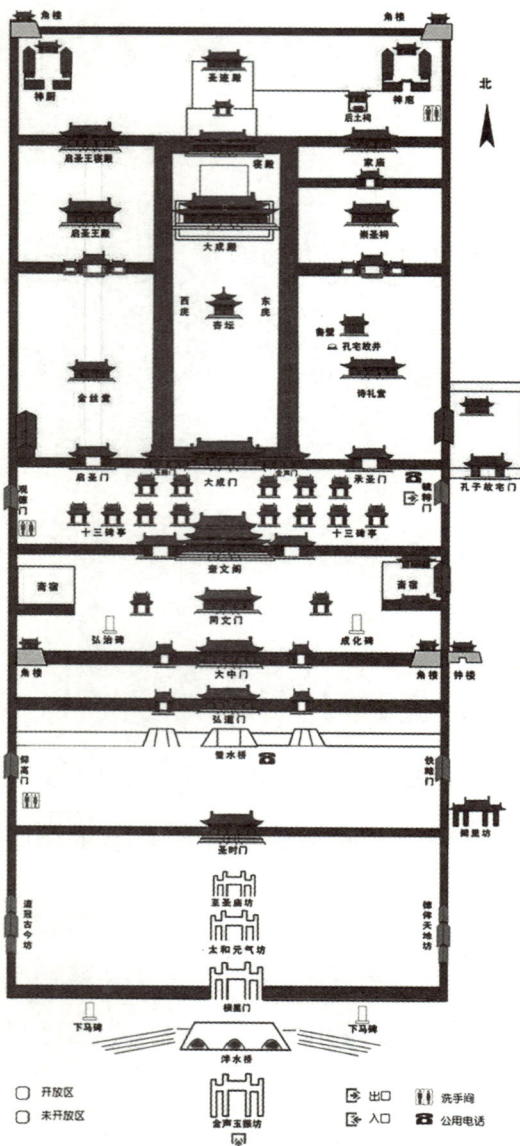

孔庙景区导览图

我的家乡济宁有独特的自然风景和悠久的历史文化，我爱我的家乡！

想一想：你的家乡在哪里？位于中国的什么位置？能向大家介绍一下吗？

名言伴我行

此夜曲中闻折柳，何人不起故园情。

——唐·李白《春夜洛城闻笛》

秋波落泗水，海色明徂徕。

——唐·李白《鲁郡东石门送杜二府》

浮云连海岱，平野入青徐。　　——唐·杜甫《登兖州城楼》

若为化作身千亿，散向峰头望故乡。

——唐·柳宗元《与浩初上人同看山寄京华亲故》

你还知道哪些与故乡有关的诗词呢？快来展示一下吧！＿＿＿＿＿＿＿＿＿＿＿＿＿＿＿＿

＿＿＿＿＿＿＿＿＿＿＿＿＿＿＿＿＿＿＿＿＿＿＿＿

＿＿＿＿＿＿＿＿＿＿＿＿＿＿＿＿＿＿＿＿＿＿＿＿

我们在行动

　　家乡在每个人的心中都有着非凡的魅力，我们应该让更多的人了解自己家乡的山水和历史文化。我们也来当一次小导游，为大家介绍一下自己的家乡吧！

　　小导游：济宁曲阜的孔府、孔庙、孔林，统称"三孔"，是历代文人墨客朝拜的圣地，以丰厚的文化积淀、悠久的历史、宏大的规模而著称。

图为孔庙南面的万仞宫墙，它象征着孔子的学问有万仞之高。孔子是中华文化的奠基者，直到现在他的思想仍在全世界传播。

　　你的家乡有哪些秀美的风景或名胜古迹呢？快来介绍一下吧！

创城，遇见更美的济宁

2020年11月20日，第六届全国文明城市表彰大会在北京隆重召开，济宁获得"全国文明城市"称号。六年的汗水，六年的努力，今朝梦圆。济宁人民用顽强的精神、高昂的斗志和辛勤的汗水，铸就了这块沉甸甸的奖牌。

自创建全国文明城市以来，城市的大街小巷有了可喜的变化：公园绿地更多了，街道马路更整洁了，农贸市场经营更有序了，社区邻里之间更加和睦了……

运河潺潺，碧波荡漾；文明济宁，祥和宁静。从此，底蕴深厚的济宁市迈进了文明进步、高质量发展的行列。生活在这座城市的每一个人，在共享城市温度与荣光的同时，也在追求生活美好和精神富足的道路上不懈奋斗。

想一想：在创建全国文明城市的过程中，你都为家乡做了什么？快来跟小伙伴分享吧！

孔门"四科十哲"

据史籍记载，孔子弟子有三千多人，其中贤者七十二人。那么，你们知道孔门"四科十哲"分别指孔子的哪些弟子吗？

"四科十哲"来自《论语·先进》篇，它将孔门的著名弟子分为四个类别，共计十人。即德行科颜渊、闵子骞、冉伯牛、仲弓，政事科冉有、季路，言语科宰我、子贡，文学科子游、子夏。

我的收获

故乡，是每一个热爱家乡的人心中那首永远唱不完的歌。著名诗人艾青在他的诗里深情地呼唤："为什么我的眼里常含泪水，因为我对这土地爱得深沉。"我们该如何做才能成为合格的"家乡代言人"呢？

对照下面的表格，看看自己做到了吗？还有哪些需要提升的呢？同学们，做到一项就给自己加一颗星，比一比谁的星星多。

"我为家乡做代言"评价表

评价内容	我的表现
积极了解家乡的历史文化，热爱家乡。	
爱护家乡的自然环境，并且带动身边的人。	
积极参与公共生活，有良好的公德意识和公共精神。	
关注家乡的新闻和变化。	
努力学习科学文化知识，为建设家乡积蓄力量。	

2. 合作学习同进步

一滴水只有融入大海,才会永不枯竭;一个人也只有融入集体,才能坚不可摧。同学们每天一起学习,一起锻炼,一起沐浴阳光,一起接受老师的关爱。让我们手拉手,肩并肩,团结协作,共同进步。

故事在线

中国女排精神

2019年,在女排世界杯赛上,中国女排以十一连胜的战绩卫冕,她们在赛场上表现出的团结协作精神令人难忘。手挽手,一条心,用团队的力量战胜一切,是对女排精神最好的诠释。

团结一心、同舟共济,是女排精神不变的底色。中国女排自建队以来,始终坚持和发扬集体主义精神。无论是教练员、运动员,还是工作人员,每个人都为了集体的荣誉拼搏、奋斗。

郎平曾在接受采访时表示:"在我的字典里,'女排精神'包含着很多层意思。其中特别重要的一点,就是团队精神。女排当年是从低谷处向

上攀登，没有多少值得借鉴的经验，但是在困难的时候，大家总能够团结在一起，心往一块想、劲往一处使。"正是过去几十年里几代人默默地无私奉献、风雨同舟，才铸就了中国女排令人瞩目的成就。

聚是一团火，散是满天星。不仅中国女排，任何集体项目和个人项目的成功，都需要团结协作的集体主义力量。个人拼搏是为了团队的成功，个人能力的发挥是集体智慧的展现。将个人奋斗融入集体智慧之中，集体的力量与个人的努力在团结协作中才能获得高度统一，形成强大的合力，释放出巨大的能量。在任何情况下，集体的利益和荣誉必然高于一切，而"团结"更是制胜的核心要义。倘若只顾自己而忽视集体，甚至认为个人高于集体，这样的团队不可能成功。〔来源：《中国体育报》（2019年10月15日）个别文字有改动〕

想一想：从中国女排的事迹中，你读懂了什么？

同心抗疫　众志成城

2020年新春佳节之际，一场新冠肺炎疫情席卷中国大地。

新冠肺炎疫情是百年来全球发生的最严重的传染病大流行，是中华人民共和国成立以来我国遭遇的传播速度最快、感染范围最广、防控难度最大的重大突发公共卫生事件。

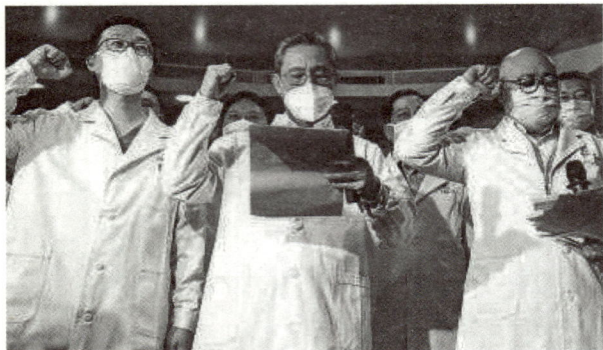

面对突如其来的疫情，我国仅用3个月左右的时间就取得了武汉保卫战、湖北保卫战的决定性成果，进而又对黑龙江、北京、河北等地几场局部地区聚集性疫情进行了有力防控，夺取了全国抗疫斗争的重大战略成果。

长城内外、大江南北，14亿中国人民同呼吸、共命运，肩并肩、心连心，铸就了生命至上、举国同心、舍生忘死、尊重科学、命运与共的伟大抗疫精神，绘制了众志成城的时代画卷！

全中国的支援，每天从不同的省份向长江中游集结。广西柳州的西芹来了，海南三亚的豆角来了，广东徐闻的玉米来了，云南红河的香蕉来了，辽宁丹东的萝卜来了，新疆喀什的核桃来了……只为给"自我隔离"的武汉人，送上可口的饭菜，补给急需的医疗物资。

面对突如其来的严重疫情，中国人民同舟共济、众志成城，构筑起疫情防控的坚固防线。举国同心、舍生忘死，中国人民交出了令世人赞叹的抗疫答卷。正如世界卫生组织总干事谭德塞所说："中方行动速度之快、规模之大，世所罕见，展现出中国速度、中国规模、中国效率，我们对此表示高度赞赏。"〔来源：《光明日报》（2021年04月21日07版）〕

想一想：是什么让中国在抗疫斗争中披荆斩棘、勇往直前？说说你的看法。

名言伴我行

二人同心，其利断金；同心之言，其臭（xiù）如兰。

——《周易·系辞上》

天时不如地利，地利不如人和。　　——《孟子·公孙丑下》

一手独拍，虽疾无声。　　——《韩非子·功名》

积力之所举，则无不胜也；众智之所为，则无不成也。

——《淮南子·主术训》

还有很多与团结协作有关的谚语，比如"一个篱笆三个桩，一个好汉三个帮"。你还知道哪些呢？快来展示一下吧！＿＿＿＿＿＿＿＿＿

＿＿＿＿＿＿＿＿＿＿＿＿＿＿＿＿＿＿＿

＿＿＿＿＿＿＿＿＿＿＿＿＿＿＿＿＿＿＿

我们在行动

团结让我们充满力量，协作让我们共同进步。在学习、生活中，你得到过同学的帮助吗？ 你曾经在同学有困难的时候帮助过他吗？跟大家交流一下吧。

在班集体中，我们可以感受到团结协作的力量。把你想要感谢同学或者鼓励同学的话，写下来吧！

知识链接

"同舟共济"和"将相和"的典故

"同舟共济"用来比喻在艰险的处境中团结互助，共同战胜困难。大家知道这个成语的典故吗？

"同舟共济"出自《孙子兵法·九地篇》："夫吴人与越人相恶（wù）也，当其同舟而济，遇风，其相救也如左右手。"春秋时期，吴国

数一数，船上分别有多少吴国人和越国人？

吴 ＿＿＿＿＿＿　越 ＿＿＿＿＿＿

和越国经常互相打仗，两国的人都将对方视为仇人。有一次，两国的人恰巧同坐一艘船渡河。船刚开的时候，他们在船上互相瞪着对方，一副要打架的样子。但是船开到河中央的时候，突然遇到了暴风雨，眼看船就要翻了。为了保住性命，他们放下仇恨，互相救助，并合力稳定船身，最终安全到达河对岸。

这样的故事还有很多，比如大家熟悉的"将相和"。战国时赵国舍人蔺相如奉命出使秦国，不辱使命，完璧归赵，因此受到赵王重视。老将廉颇居功自傲，对此不服，并屡次故意挑衅，蔺相如再三忍让。仆人非常不理解，蔺相如说自己这样做是以国家大事为重。后来这番话传到廉颇的耳朵里，他终于醒悟，背负荆条向蔺相如请罪。将相和好，齐心协力保卫赵国。

想一想：你还知道表示团结协作的故事和成语吗？快来跟小伙伴分享吧！

我的收获

对照下面的表格，看看自己做到了吗？还有哪些需要提升的呢？同学们，做到一项就给自己加一颗星，比一比谁的星星多。

"合作学习同进步"评价表

评价内容	我的表现
真诚对待同学。	
关心同学和班集体。	
包容他人，不斤斤计较。	
在别人需要帮助时伸出援助之手。	
面带笑容，举止文明，学会赞美他人。	

3.总结反思促成长

有人说，学会总结反思是成功人士的必修课。在我们的生活和学习中，无论做什么事情，都有可能面临成功和失败。我们在吸取成功的经验时，也要认识到，失败并不意味着结束，失败是一次新的机会。掌握这次机会，反省自己失败的原因，然后改正，必能重新走上铺满鲜花和掌声的红地毯。

故事在线

马克·吐温经商

马克·吐温是19世纪美国著名作家，写了很多文章。他看到自己的作品出版后被读者抢购一空，萌生了一个新的念头——自己写书、自己出版、自己卖书。这个念头一出现，他马上付诸行动。这位大作家摇身一变，成了"产、供、销"一条龙的大书商。

然而，由于不具备经商的能力，不到两年时

间，他已经负债累累。更让人担心的是，他的"主业"——写作也因此被荒废了。眼看着放在同一个篮子里的鸡蛋一个一个被打碎了，马克·吐温开始反思自己这两年来的历程，并不断总结失败的经验。他发现自己在经商方面缺乏足够的经验，很难应对一些突发事件；而且经商分散了自己的精力，自己没有足够的时间来完成新的创作……于是他果断放弃了书商的生意，专心致志地进行文学创作，最后终于取得了成功。

马克·吐温在回顾他走过的路时说："通过这次经历，我发现做任何事情都要及时对自己的现状进行总结反思，只有知道自己哪里存在不足才能及时调整下一步计划。如果只是一味地任由事情自己发展，那我们离成功的道路就会越来越远。"

正是因为马克·吐温能够及时总结，后来才会取得成功。如果他还是继续选择经商，经济遭受重创的同时，在文学创作上也会停滞不前。

看来总结反思真的很重要，我也要多总结、多反思！

我觉得……

名言伴我行

子曰："见贤思齐焉，见不贤而内自省也。" ——《论语·里仁》

贤者能自反，则无往而不善；不贤者不能自反，为人子则多怨，为人父则多暴。 ——宋·袁采《袁氏示范·睦亲》

专责己者，兼可成人之善；专责人者，适以长己之恶。 ——清·李惺《西沤外籍·药言剩稿》

从孔夫子到孙中山，我们应当给以总结，承继这一份珍贵的遗产。 ——《毛泽东选集》第 2 卷

自我反思能够帮助我们总结经验，找到下一步努力的方向。你还积累了哪些有关反思总结的名言警句呢？让我们记录下来和小伙伴一起交流吧！

_____

_____

_____

我们在行动

同学们，总结反思对于我们的生活、学习来说十分重要。我们应该如何进行总结反思呢？让我们看看下面这些同学是怎么做的吧！

今天我们发了语文期末考试的试卷。这次考试，我在书写方面进步很大，卷面干净整洁；而且作文还被老师当作范文读了，这些方面我要继续保持。但是也有一些不足，比如在做课外阅读时出现了漏题的情况，而且回答问题也不够完整，下次考试我一定要注意。

小红在考完试后，从优点和不足两个方面进行了总结反思。这样在以后的学习和考试中，她就能查缺补漏，努力改正不足之处，学习的效率也会越来越高。

今天是我第一次下厨，虽然提前做了充足的准备，但是面对突然起火的锅，我还是不知所措。就在我要用水进行扑救时，妈妈及时出现，用锅盖盖住锅，将火扑灭。通过这次难忘的经历，我知道了油锅起火时，千万不要用水扑救，否则会更危险。

小明在第一次做饭时，遇到了一些突发状况，事后他及时总结了这次突发事件的整个过程，并且明白了油锅起火不能用水扑灭的道理。相信小明在以后做饭时，如果再次遇到类似的问题，一定能够冷静处理。

今天，妈妈给我买了一块新橡皮，我十分喜欢。下课时，同桌没带橡皮想要借我的，这可是我最喜欢的橡皮，所以没有借给他。上美术课时，我突然发现自己没有带水彩笔，便硬着头皮向同桌借，本来以为他会拒绝，他却爽快地答应了。我很惭愧，为我刚才的小气向他道歉，没想到他说："没关系，同学之间就应该互相帮助嘛！"我告诉自己一定要像同桌一样，做一个乐于助人的人。

小亮通过和同桌之间发生的一件小事，看到了对方的闪光点，也从同桌的身上学到了做人的道理。相信通过这次总结反思，小亮一定能像同桌一样，成为一个乐于助人的人。

通过刚才这些同学的总结反思，我们可以发现，在生活、学习、交友等方面都可以进行总结反思。在总结时，我们可以记录成功的经验；也可以发现自身的不足，找到下一步努力的方向；还可以记录自己当时的心情和收获。只要坚持总结反思，大家一定可以为自己的人生积累许多宝贵的经验。

知识链接

> 提到总结反思，我们总会想到"三省吾身"这个成语。"三省"指的是什么呢？为什么要"三省"？让我们从下面的小故事中寻找答案吧！

"吾日三省吾身"

曾子是孔子的得意门生，在孔子晚年的时候，拜孔子为师，随孔子学习。孔子的孙子——子思是曾子的学生，跟随他学习。

曾子一生自律、自省，时刻修养身心。他五十岁时谢绝了一切高官厚禄，专心致志地只做教化世人的事情——办学堂。他说："我每天多次反省自己。替别人办事是不是尽心竭力了？与朋友交往是不是做到诚实可信了？老师传授给我的学业是不是实践了？"

曾子讲的这番话，对于我们每个人来说都非常重要，需要我们用一生去践行。首先做事情要忠，要尽心尽力、诚实守信。其次就是传习，我们要不停地研习老师教给我们的学问，不停地修正自身。最后要把所学的学问用于实践。

我也要像曾子一样，做到每日三省吾身。我们除了可以在为人处世、学习、交友方面进行反省，还可以在_____

_____等方面进行反省。

我的收获

反思是一面明亮的镜子，可以照见心灵的不足。相信在以后的学习和生活中，大家只要多总结、多反思，一定能离成功越来越近！

每周总结卡

时间 总结方面	周一	周二	周三	周四	周五	周六	周日
生活							
学习							
交友							
其他							

4. 控制情绪益处多

我们正处于身心快速发展的时期，不仅智力上有所提升、学业上有所进步，情绪、意志、个性等方面也发生着巨大的变化。在学习和生活中，你是否存在一些不良情绪？这些情绪是不是已经成为影响你与他人交往的一层隔阂呢？我们要学会做情绪的小主人，正确认识自我。

故事在线

会"传染"的不良情绪

积极的情绪可以感染身边的每个人，让别人也感到快乐。不良的情绪也是会"传染"的，有时会严重影响我们与他人的人际关系。

某公司贾经理的妻子一早起来就抱怨他不关心家庭，嫌他领带没打好，他的好心情一下变坏了，于是摔门而去。他耷拉着脸进了办公室，对面带微

笑的女秘书不理不睬，使得女秘书很尴尬。女秘书的心情也变坏了，她一上午都不高兴。

到了中午，女秘书带着一肚子怒气来到面馆，对面馆的面挑三拣四，结果和服务员吵了起来，然后找来了面馆老板。面馆老板一边向女秘书道歉，一边不分青红皂白地把服务员训了一顿，服务员又委屈又生气。下班以后服务员走在街上，越想这件事越懊恼。这时迎面走来一只小狗冲着她叫了一声，她二话不说，抬起脚踢向小狗，把小狗吓跑了。

情绪具有感染性和传递性，不良情绪不仅会伤害自己，而且会伤害他人。情绪和我们的生活有着密切的联系，会随着我们生活的变化而变化。良好的情绪可以愉悦身心，帮助我们结交更多的朋友；不良的情绪则会阻碍我们的发展。

在生活中，你是不是也遇到过类似的烦恼呢？快和小伙伴说一说吧！

名言伴我行 🖥

所谓修身在正其心者，身有所忿懥（zhì），则不得其正；有所恐惧，则不得其正；有所好乐，则不得其正；有所忧患，则不得其正。

——《大学》

怒不过夺，喜不过予。 ——《荀子·修身》

怒中之言，必有泄漏。

——明·冯梦龙《东周列国志·第四十六回》

士君子之涉世，于人不可轻为喜怒，喜怒轻，则心腹肝胆皆为人所窥；于物不可重为爱憎，爱憎重，则意气精神悉为物所制。

——明·洪应明《菜根谭·应酬》

这些有关情绪管理的名言，给了我许多启示。我要选择一句作为我的座右铭！

_____

_____

_____

我们在行动

活动一　情绪大比拼

开心幸福的时候，我们会不由自主地手舞足蹈。但我们是不是每天都快乐呢？遇到以下几种情况，你的心情会怎样？快来连一连吧！

你们班在校运动会上获得了冠军，你的心情……

同学给你起难听的外号，你的心情……

最好的朋友突然不理你了，你的心情……

有人给你讲了一个可怕的恐怖故事，你的心情……

我们的学习和生活并非一帆风顺，因而情绪也多种多样。在这些情绪中，最基本的有四类：喜、怒、哀、惧。其中喜是积极情绪，怒、哀、惧则属于消极情绪。

活动二　走进心灵"加油站"

在生活中，每个人都会遇到各种各样的烦恼，我们要学会正确面对并消除它。让我们走进心灵"加油站"，去寻找调控情绪的好方法吧！

一、合理宣泄法
（找亲人、好友倾诉……）

奶奶，我想和您聊聊……

二、分散转移法
（听音乐、看有趣的书、痛快地玩……）

踢踢球，心情好多啦！

三、自我宽慰法
（从积极的角度考虑问题……）

这次虽然没选上，但是我有了更多的经验……

四、理智调节法
（写出原因，总结经验……）

我一定要找到失败的原因……

让我们积极消除不良情绪，保持愉悦心情；让快乐陪伴我们健康成长，人人都来做个快乐的小天使吧！

知识链接

假如一个人能够控制自己的欲望和恐惧，那他就胜过国王。找到适合自己的控制情绪的方法，你将拥有一大笔宝贵的财富。

爱地巴跑圈

有一个叫爱地巴的人，他每次和人争执生气了，就以很快的速度跑回家，围着自己的房子和土地跑三圈，然后坐在田边。爱地巴工作非常努力，他的房子越来越大，土地也越来越广。但不管房、地有多大，只要与人争论生气了，他就会围着房子和土地绕三圈。爱地巴为什么每次生气都围着房子和土地绕三圈呢？所有认识他的人都非常疑惑，但是不管怎么问他，爱地巴都不愿意说。

直到有一天，爱地巴年龄很大了，他的房、地也已经很大了。但是他生气时，依然会拄着拐杖艰难地围着土地与房子走，等他好不容易走完三圈，太阳都下山了。爱地巴独自坐在田边，他的孙子在身边恳求道："阿公，您年纪已经很大了，这附近没有人的土地比您的更大，您不能再像从前那样一生气就围着土地绕三圈。您可不可以告诉我，为什么您一生气就要围着土地绕三圈？"

爱地巴禁不起孙子的恳求，终于说出隐藏在心中多年的秘密。他说："年轻时，我若和人争论，就围着房、地跑三圈。边跑边想，我的房子这么小，土地这么少，我哪有时间和资格跟别人生气。一想到这里，气就消了，于是我就把所有时间用来努力工作。"

孙子问道："阿公，您现在年纪大了，又变成最富有的人，为什么还围着房、地走？"

爱地巴笑着说："我现在还是会生气，生气时围着房、地走三圈。边走边想，我的房子这么大，土地这么多，我又何必跟别人计较呢？一想到这里，气就消了。"

人与人之间常常因为一些无法释怀的坚持，而造成永远的伤害。假如我们能宽容地对待别人，一定能收到许多意想不到的效果。给别人开启一扇窗，也就是让自己看到更广阔的天空！

我的收获

通过今天的学习，你是不是找到了调节情绪的方法了？相信在以后的学习、生活中，无论遇到怎样的情况，你都能调节好自己的情绪，快把今天的收获写下来吧！

我的收获

5. 面对冲突有办法

　　同学们，学校就像我们的家一样。我们和小伙伴在校园里朝夕相处、快乐成长，在这里留下了太多美好的回忆。但是大家相处久了，有时难免会产生一些冲突，如果处理不当，可能会对双方造成伤害。所以当产生冲突的时候，只有采取正确的方法，才能很好地化解冲突。

故事在线

珍贵的友谊

　　人们都说友谊无价。我同桌是我最好的朋友，我们一起学习、玩耍，相处十分融洽。可是前段时间我们因为一点小事吵架了，这次小冲突解决后，我们的关系更加亲密了。

　　有一天，我不小心把她的新橡皮碰到了地上，还没等我道歉，她就生气地一把抓过我的橡皮扔到了地上。我也生气了，我俩在教室里大声争吵，互不相让。无论旁边的同学怎么劝说，我们都不肯向对方低头，直到老师站在我们面前，我们才停下来，站在原地谁也不肯说话。

之后很长一段时间，我们谁也不理谁，我不明白她为什么因为这点小事就对我发脾气。直到有一天在大街上，我听到了那熟悉的旋律——《同桌的你》。我的脑海中浮现出很多我们在一起时的快乐时光：我想起她帮我讲题时的专注，想起我们合作完成手工作品时灿烂的笑脸，想起她搀扶着摔倒的我去卫生室时的身影……我写了一封道歉信给她，没想到她也准备了一封道歉信给我，我们俩相视一笑，这种感觉好奇妙。

从那以后，我们之间的关系更加融洽了。虽然有时候也会发生一些小矛盾，但是现在我们已经学会如何处理矛盾，我感觉这份友谊更加珍贵了！

当发生冲突时，我们不能逃避，要积极想办法解决。

是啊，只有正确处理冲突，才能和同学更好地相处。

我觉得……

名言伴我行

宽以济猛，猛以济宽，政是以和。

——春秋·左丘明《左传》昭公二十年

子曰："其恕乎！己所不欲，勿施于人。" ——《论语·颜渊》

惟宽可以容人，惟厚可以载物。　　——明·薛瑄《读书录》

忍一句，息一怒。饶一着，退一步。　　——《增广贤文》

　　你还积累了哪些相关的名言警句？让我们记录下来和小伙伴一起交流吧！

_____

_____

_____

我们在行动

　　要想及时化解冲突，我们就要知道冲突产生的原因。下面是我们身边经常出现的一些场景图，让我们一起来分析原因吧！

场景一

地面湿了，垃圾就不好扫了。

先拖地能去除灰尘。

冲突原因：两人对待同一件事情的观点不同。

场景二

都是因为你洒的水，我才摔倒的。

真不是我洒的水！

冲突原因：两人之间产生了误会。

场景三

你为什么
打我？

谁让你总是挡
着我的路！

冲突原因：在行动上给对方带来了伤害。

场景四

这本书明明
是我先借的。

我先借的。

冲突原因：双方在个人利益上产生了冲突。

请你想一想，除了以上原因，还有哪些原因会让双方产生冲突呢？

知识链接

找到冲突产生的原因，我们就可以对症下药了。让我们看看下面的锦囊里都装了哪些小法宝吧！

真诚劝告

换位思考

保持冷静

讲明道理

寻求帮助

用心沟通

小讨论：你还有哪些解决冲突的小法宝呢？快和小伙伴一起交流交流吧！

我的收获

通过今天的学习，你一定掌握了许多化解冲突的好方法。在生活中，你有没有和谁发生过冲突呢？现在你打算怎样化解这个冲突？把自己的收获写下来吧！

我的收获

发生的冲突：_____

_____

_____

产生冲突的原因：_____

_____

_____

化解冲突的方法：_____

_____

_____

6. 我是快乐值日生

认真打扫卫生可以让教室变得干净、整洁，还是爱集体、爱劳动的表现，是非常光荣的。我们每个人都是集体中的一员，是集体的小主人，应该为班集体争光，也应该努力做好一名快乐的值日生。

故事在线

我是快乐值日生

今天我值日。

一放学，同学们就背起书包，排着整齐的队伍高高兴兴地回家了。我收拾好书包，开始值日。我抬头一看，发现老师讲课的板书还留在黑板上。我急忙跑到黑板前，拿起黑板擦挥舞起来，粉笔灰像一个个淘气的娃娃，纷纷往我脸上蹦。

我拍拍脸上的粉笔灰，拿起扫把准备扫地，看到地上躺着许多小纸片。我心想：平时老师总教育我们要讲卫生，不乱丢垃圾。同学们都不乱丢纸片，难不成纸片会自己跑到地上吗？回过神来，我急忙扫了起来。有的小纸片像调皮的孩子，看到我的扫把就轻轻地躲到桌子底下。我边扫边笑着说：

"你们这些调皮鬼不用躲了，我一个都不会放过。"我认真地观察，扫了这个角落，又扫那个角落，终于把地上的垃圾清理干净了。

我放下扫把，又开始整理桌子。不知道同学们是怎么坐的，桌子歪歪扭扭的，就像一条弯曲的长龙。我一张张地对齐，像一位严肃的教官调整战士们的队伍，一个个向前看齐。

终于整理完了，我的腰好酸呀，不过都是值得的。看着干净的黑板、整洁的地面、整齐的桌椅，我高兴地笑了。

这次值日虽然很辛苦，但我很快乐。我多么希望"流动红旗"每周都挂在我们班。

因为有了值日生的辛勤劳动，我们才能在干净、整洁的教室里学习。

想一想：同学们喜欢做值日生吗？大家值日的时候都会做些什么呢？

名言伴我行

童孙未解供耕织，也傍桑阴学种瓜。

——南宋·范成大《四时田园杂兴》

劳动是人生一桩最重要的事体。

——《蔡元培美学文选》

把劳动的道德、权利、义务三者结合起来，才能巩固劳动纪律，所以劳动就成为每一个人重要的道德标志。

——《徐特立教育文集》

如果你能成功地选择劳动，并把自己的全部精力灌注到它里面去，那么幸福本身就会找到你。

——［俄］乌申斯基《人是教育的对象》

你还知道哪些与集体和劳动有关的名人名言吗？

我们在行动

打扫班级卫生，说起来容易，做起来可不是那么简单的！怎样才能成为一名合格的值日生呢？图中的值日生都在做什么？你知道怎样才能做好这些事情吗？

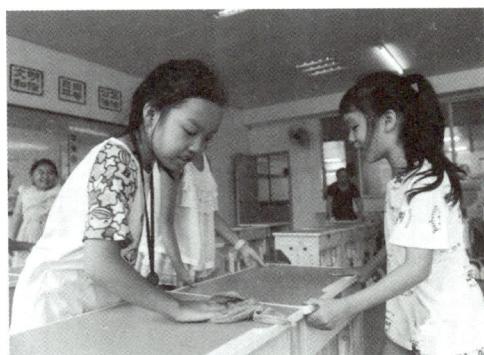

想一想：除了图上这些事情，打扫卫生的时候，我们还应该做些什么呢？

知识链接

五十多名同学轮流"值日" 六年演绎一个感人故事

在浙江省桐乡市石门镇中心小学602班，有一名特殊的学生，名叫吴佳。他从小患有成骨不全症，致使下肢瘫痪，生活不能自理。六年来，吴佳的同学用爱心为他铸就了一副结实的"拐杖"，使他六年的小学生活过得踏实而又快乐。在这场爱心接力赛中，吴佳所在班的同学用真情诠释了爱的真谛，演绎了一个感人的故事。

吴佳看上去比实际年龄小很多，由于身体原因，直到十二岁父母才送他上学。生活不能自理的小吴佳，在学校的学习和生活时时揪着父母的心。父亲吴品甫说："当时吴佳很弱小，稍微磕碰一下就会骨折。虽然把他送到学校上学，但我们总是忐忑不安，不用说学习，就是吃喝拉撒也会让我们担心。"但父母毕竟也有自己的事情要做，每天一早把吴佳送到学校，剩下的事情就只能交给老师和同学了。

每天早晨，当吴佳的父母把他送到学校时，班里的同学会争着帮他拿书包；每天中午，同学轮流为他打饭、洗碗、送水，他总是第一个吃午饭；去洗手间、上电脑房、到实验室，同学会小心翼翼地抱着他；放学后，也会有同学陪着他，直到家人将他接走；为了不让他感到无助，星期天同学还会到吴佳家陪伴他……六年来，照顾、帮助吴佳的责任就这样在班里五十多名天真烂漫的孩子中间传递着。

在众多帮助吴佳的同学中，张国伟和丁逸飞尤其让他感动。从小学三年级开始，吴佳每次去洗手间、上电脑房、到实验室，都是他们帮忙。吴佳的教室在三楼，学校的电脑房却在对面楼的三楼。每次上电脑课，张国伟和丁逸飞都要抱着吴佳下三楼、上三楼，中间还要经过一个操场。你累了我来抱，我累了你来换。他们说："虽然抱着吴佳来来回回有点累，但看到他能和大家一起上课就很高兴。吴佳是我们的同学，同学之间应该互相帮助，帮助人是一种快乐。"

想一想：从吴佳和同学的故事中，你懂得了什么？

我的收获

对照下面的表格，看看自己做到了吗？还有哪些需要提升的呢？同学们，做到一项就给自己加一颗星，比一比谁的星星多。

"我是快乐值日生"评价表

评价内容	我的表现
按时完成班级的值日任务。	
能够熟练掌握打扫等各项技能。	
值日时，尽量不影响其他同学正常的学习活动。	
对于违纪的同学要如实记录，不徇私情。	
值日工作安排应根据不同情况合理调整。	

7.同伴交往快乐多

我们身边除了家人，还有许多同龄的小伙伴，大家相互学习、相互帮助，相处十分融洽。但是在和小伙伴交往的过程中，也会发生一些不愉快的小插曲。只要我们在交往时掌握一些小技巧，真诚、快乐地和小伙伴交往，相信一定会有更多的朋友！

故事在线

朋友与熊

从前有一对好朋友，他们相约一起爬山。在山顶的菩萨庙里，两人请菩萨做证，结为异姓兄弟，发誓有福共享、有难同当。拜完菩萨后，两人便下山回家，一路上有说有笑。

突然，一头面露凶相的熊出现在他们面前，挡住了他们的去路。山路的左边是陡峭的山壁，右边是悬崖，根本无处可逃。这时其中一人发现山路旁有一棵树，便立刻爬到了树上，躲开了熊。他暗自庆幸自己够机灵，动作够快。而另一个人不擅长爬树，于是恳求树上的朋友拉他一把，树上的朋友却拒绝了他。就在那人快要绝望的时候，他灵机一动，立刻躺在路上装死，原来他突然想起来以前听别人说过熊不吃死人。他闭着眼睛，屏住呼吸。这时，熊走过来，用鼻子靠近他的脸嗅了嗅，然后就走开了。

当确定熊已经走远以后，树上的人爬了下来，对树下的朋友说："兄弟你可真聪明，居然知道装死可以躲过熊。刚刚熊在你耳边说了什么？"那人答道："它告诉我，不要相信那些在你困难时离你而去的朋友。"

> 我觉得爬上树的人做得不对，朋友有困难的时候不应该置之不理。
>
> 是啊，我也不愿意和这样的人交朋友。
>
> 我觉得……

名言伴我行

友情是一笔宝贵的财富，无论你走到哪，身处何方，都会有一段温馨的回忆伴随着你。友情是金子，闪烁着金色的光芒；友情是葡萄酒，散发着让人回味的甘甜。

> 人之相识，贵在相知；人之相知，贵在知心。
>
> ——《孟子·万章下》
>
> 君子之交淡若水，小人之交甘若醴；君子淡以亲，小人甘以绝。
>
> ——《庄子·山木》

君子诎（qū）于不知己而信于知己者。

——西汉·司马迁《史记·管晏列传》

桃花潭水深千尺，不及汪伦送我情。

——唐·李白《赠汪伦》

友谊有着神奇的魔力，总能带给我们很多美好的感觉。让我们行动起来，制作一个漂亮的创意书签，并把它送给自己的好朋友吧！

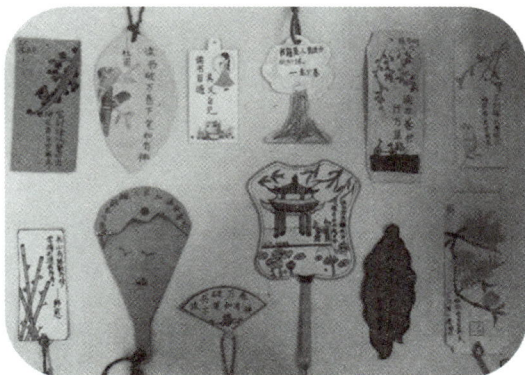

创意书签张贴处

我们在行动

　　相信你一定交到了很多好朋友，你愿意把他们介绍给大家吗？选择其中一位介绍一下吧！

好朋友介绍卡

姓名：_____

爱好：_____

特点：_____

喜欢他的原因：_____

我最感动的瞬间：_____

　　每个人都希望能够拥有更多的朋友，并和他们友好相处。我们应该如何与朋友相处呢？送给大家几个小法宝，相信只要掌握了这些技巧，你们的朋友会越来越多。

法宝一　以诚相待

　　人与人相处，贵在真诚。只有真诚才能使双方相互信赖，才能分享彼此心里的秘密。诚是人生天平上一枚重要的砝码，它的存在增加了每个人做人、做事的厚度与稳定性。对人诚信，人不欺我；对事诚信，事无不成。

法宝二　互帮互助

在和朋友相处的过程中，如果对方遇到了困难，我们要主动、热情地给予帮助，因为困境往往是检验友谊的试金石。人们常说，生命中的贵人一定是你最好的朋友。每个人在成长过程中都会遇到各种各样的困难和危机，一个人最大的运气不是在人生巅峰时多厉害，而是处在人生低谷时有人鼓励你、引导你。

法宝三　尊重理解

好的朋友关系，是建立在相互尊重、相互理解的基础之上的。这种尊重、理解是人际交往中的礼节，不可以因为熟悉就肆意挥霍对方的信任与好意，更不可以随意揣测别人的隐私。朋友如果吵架，也不要互相诋毁，只有相互尊重、相互理解的友情才能够长久。

法宝四　要求合理

和朋友相处时，一定要站在对方的角度想问题，这样才能更好地相处下去。即使是好朋友，彼此也有选择想干什么、该干什么的自由和权力，应该提出合理的要求。

法宝五　用心沟通

沟通是保持良好朋友关系的基础。友谊是需要经营的，彼此经常沟通，才能维系情感上的密切关系，才能相互欣赏、相互理解、相互支持。

小讨论：在和朋友相处的过程中，你还有哪些小法宝？快和小伙伴一起交流交流吧！

_____

_____

知识链接

伯牙绝弦

春秋时期，有一名琴艺十分高超的乐师，名为俞伯牙。他有一位非常了解他的朋友，名叫钟子期。

伯牙小时候曾拜名师学琴，长大后，开始自己作曲，琴艺又得到很大提升。凡是听过他弹琴的人都赞不绝口，但是很少有人能准确地说出伯牙弹琴时的心意，唯独钟子期能够做到。伯牙弹奏《高山流水》这首曲子时，心中想到了挺拔的高山。钟子期听后陶醉其中，拍手赞叹道："伯牙，你弹得太好了，就好像巍峨挺拔的高山屹立在我的面前。"伯牙心中想到流水，琴声犹如一条翻滚着的江水流进了听者的心中。钟子期听后高兴地说道："真是妙极了！这琴声宛如奔腾不息的江河从我面前流过。"游人不禁赞叹道："钟子期真是俞伯牙的知音呀！"

可惜几年后，钟子期去世了。伯牙唯一的知音没有了，悲痛欲绝。此后，他经常独自在屋中弹钟子期生前最爱听的《高山流水》，弹着弹着，仿佛又听到了钟子期赞叹的话语。伯牙想：子期死了，谁能听懂我的心意呢？弹琴又有什么意思呀！他抚摸着琴，自言自语地说："老伙计，你跟随了我这么多年，如果一下子失去你，我的心里有万分的不舍。但是，子期已经去世了，再也没有人能像他那样了解我，留着你还有什么意义呢？不如去陪我的知音吧！"说完他咬咬牙，长叹一声，便把自己心爱的琴啪的一声摔碎了，决定不再弹琴。

我的收获

通过本课的学习，你一定会有很多收获。这些收获将帮助我们交到更多的朋友，让我们把自己的收获记录下来吧！

我的收获

8. 文物保护我先行

文物是中华民族文化底蕴的呈现，是古代劳动人民智慧的结晶，也是全人类文明的瑰宝。保护、管理、利用好那些珍贵的历史文物，是我们每个人应有的意识和应尽的义务。

故事在线

让文明"到此一游"

长城像一条长龙盘旋在中国北方辽阔的土地上，凝结着古代劳动人民的血汗和智慧，是中华民族的魂，是中华儿女的骄傲。从古至今，许多文人墨客登临长城，感慨万千，吟诵出许多流传千古的佳作。而当代的不少游客登上长城，又留下了什么呢？

据报道，游客小张和男友到八达岭长城景区游玩。走到北三楼与北四楼之间时，她看到有一对年轻情侣掏出钥匙在墙砖上刻字。两个人身后不远处就是"禁

止刻画"的指示牌，然而这对情
侣好像没看见一样。女游客刻字
时，男游客还拿出手机拍照。小
张忙上前提醒这对情侣，但两个
人并未停手。无奈之下，小张拍
下了这对情侣破坏长城的照片，
并发到了微博上。

　　密密麻麻的刻字，是长城身上永远抹不平的伤疤。时至今日，依然有
人借此证明"这世界我来过"。但又如何呢？这种刻字，既无诗情，又非风

　　想一想：我们在游览名胜古迹的时候有没有碰到类似"长城刻字"
的事？这时我们该怎么做？

雅。最好的"到此一游"，是把旅途中所有的美好刻在心上。

　　威廉是英国人，却对中国的长城情有独钟。十一岁的时候，地理老师
告诉他，假如想开阔自己的视野，可以看地图，从上面能看到世界的每个角
落。所以他经常翻看地图，直到很晚才睡觉。有一天，他无意间看到地图上
有一个"THE GREAT WALL"的标志，就在那一刻，他的心被触动了。原来
世界上还有这样一个令人向往的地方。

　　1986年，威廉终于见到了心心念念的长城，无比雄伟的长城在群山中蜿
蜒盘旋。他被眼前的景象震撼了，感叹道："长城是人类历史上最令人叹为

观止的建筑。"

在威廉心中伟大的长城却并没有被人们善待。他发现，人们到长城旅游之余，会将垃圾随意丢弃，还会在城砖上乱刻乱画。

威廉发起了一系列保护长城的行动，其中最为人们所熟悉的，莫过于在长城上捡垃圾。不论是在长城景区还是杂草丛生、乱石遍地的"野长城"，他只要看见饮料瓶、餐盒、食品包装袋等垃圾，就会捡起来装进垃圾袋，并带离长城。除了身体力行，他还多次发动志愿者在长城上捡垃圾。

"捡了十多年垃圾，可长城上的垃圾仍然存在。"威廉明白，垃圾是捡不完的，关键是提高人们的环保意识。

"办展览、开讲座、出书、拍纪录片，我做这些事不是为了自己，而是为了长城。我希望通过这些方式，让人们看到长城的伟大和壮美，看到长城的沧桑变化，从而自觉地去保护她，并主动影响身边的每一个人。保护长城，是人类共同的使命，不论国籍。"威廉说。

想一想：你想对威廉说些什么？作为中国人，你觉得我们该如何去做呢？

名言伴我行

江山留胜迹，我辈复登临。

——唐·孟浩然《与诸子登岘（xiàn）山》

六朝文物草连空，天淡云闲今古同。

——唐·杜牧《题宣州开元寺水阁阁下宛溪夹溪居人》

要把凝结着中华民族传统文化的文物保护好、管理好，同时加强研究和利用，让历史说话，让文物说话。

——习近平总书记在考察西安博物院时的讲话

让收藏在博物馆里的文物、陈列在广阔大地上的遗产、书写在古籍里的文字都活起来。

——习近平总书记在联合国教科文组织总部的演讲

你还知道哪些与文物保护有关的名人名言呢？快来展示一下吧！

_____

_____

_____

我们在行动

　　文物是祖先留给我们的宝贵遗产，保护文物是国家赋予我们每个人的责任。保护文物功在当代，利在千秋。作为少先队员，我们该怎样为保护文物贡献自己的力量呢？

　　1. 学习传统文化，了解文物背后的文化价值，心怀敬畏之心；

　　2. 多学习文物保护的知识，用正确的方法保护文物；

　　3. 游览名胜古迹时，不乱刻乱画；

　　4. 利用课外时间，积极向身边的人宣传《文物保护法》，号召人们保护好文物；

　　5. 与破坏、盗取文物的不法行为做斗争；

　　6. 到博物馆或名胜古迹参观时，不携带危险物品；自觉维护秩序，并进行文明引导，制止不文明行为。

　　你来说我来记：_____

_____

_____

_____

_____

_____

_____

_____

_____

_____

知识链接

保护文物

《中华人民共和国文物保护法》是为了加强对文物的保护，继承中华民族优秀的历史文化遗产，促进科学研究工作，进行爱国主义和革命传统教育，建设社会主义精神文明和物质文明，而制定的法规。该法规由第五届全国人民代表大会常务委员会第二十五次会议于1982年11月19日通过，自公布之日起施行。

文化和自然遗产日源自文化遗产日，是每年6月的第二个星期六。文化和自然遗产日的设立体现了党和国家对保护文化遗产的高度重视和战略远见。目的是营造保护文化遗产的良好氛围，提高人民群众对文化遗产保护重要性的认识，动员全社会共同参与、关注和保护文化遗产，增强全社会的文化遗产保护意识。文化遗产日，从2006年起设立；自2009年国家文物局创设主场城市活动机制以来，每年的文化遗产日国家文物局都会选取一座城市举办主场城市活动。

想一想：你还知道我们国家有哪些保护文物的措施吗？快来跟同学们分享吧！

我的收获

对照下面的表格，看看自己做到了吗？还有哪些需要提升的呢？同学们，做到一项就给自己加一颗星，比一比谁的星星多。

"文物保护我先行" 评价表

评价内容	我的表现
了解文物的特点和文物蕴藏的历史文化，做历史文化的传承者。	
了解文物法规政策，做好文物及相关法规知识的宣传工作。	
见到有破坏文物的现象，及时制止、举报。	
游览名胜古迹时，不乱刻乱画。	
学习和参观博物馆及名胜古迹时，自觉维护秩序。	